школа - l'école	2
путовање - le voyage	5
транспорт - le transport	8
град - la ville	10
пејсаж - le paysage	14
ресторан - le restaurant	17
супермаркет - le supermarché	20
напитци - les boissons	22
јело - les aliments	23
сеоско газдинство - la ferme	27
кућа - la maison	31
дневна соба - la salle de séjour	33
кухиња - la cuisine	35
купаоница - la salle de bains	38
дечија соба - la chambre d'enfant	42
одећа - les vêtements	44
канцеларија - le bureau	49
економија - l'économie	51
занимања - les professions	53
алати - les outils	56
музички инструмент - les instruments de musique	57
зоолошки врт - le zoo	59
спорт - les sports	62
активности - les activités	63
породица - la famille	67
тело - le corps	68
болница - l'hôpital	72
хитни случај - l'urgence	76
земља - la Terre	77
сат - l'heure	79
седмица - la semaine	80
година - l'année	81
облици - les formes	83
боје - les couleurs	84
супротности - les opposés	85
бројеви - les nombres	88
језици - les langues	90
ко / шта / како - qui / quoi / comment	91
где - où	92

Impressum
Verlag: BABADADA GmbH, Nedderfeld 112 , 22529 Hamburg
Geschäftsführer / Verlagsleitung: Harald Hof
Druck: Books on Demand GmbH, In de Tarpen 42, 22848 Norderstedt

Imprint
Publisher: BABADADA GmbH, Nedderfeld 112 , 22529 Hamburg, Germany
Managing Director / Publishing direction: Harald Hof
Print: Books on Demand GmbH, In de Tarpen 42, 22848 Norderstedt

школа
l'école

- делити / diviser
- плоча / le tableau
- учиона / la salle de classe
- школско двориште / la cour d'école
- наставник / l'enseignant
- папир / le papier
- писати / écrire
- хемијска оловка / le stylo
- сто / le bureau de travail
- лењир / la règle
- књига / le livre
- ученик / l'écolier

торба
le sac d'écolier

перница
la trousse

графитна оловка
le crayon

шиљило за оловке
le taille-crayon

гумица за брисање
la gomme à effacer

блок за цртање
le bloc de papier à dessin

цртеж
le dessin

кист
le pinceau

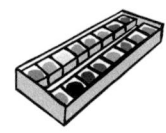
кутија са бојама
la boîte de peintures

маказе
les ciseaux

лепило
la colle

бележница
le cahier d'exercices

домаћи задатак
les devoirs

број
le chiffre

сабирати
additionner

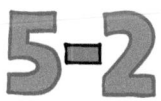
одузимати
soustraire

множити
multiplier

рачунати
calculer

слово
la lettre

абецеда
l'alphabet

реч
le mot

школа - l'école

текст
le texte

читати
lire

креда
la craie

час
la leçon

дневник
le cahier de notes

испит
l'examen

сведочанство
le certificat

школска униформа
l'uniforme scolaire

образовање
l'éducation

лексикон
l'encyclopédie

универзитет
l'université

микроскоп
le microscope

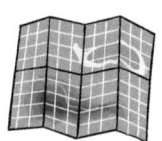

карта
la carte

кошара за папир
la corbeille à papier

школа - l'école

путовање
le voyage

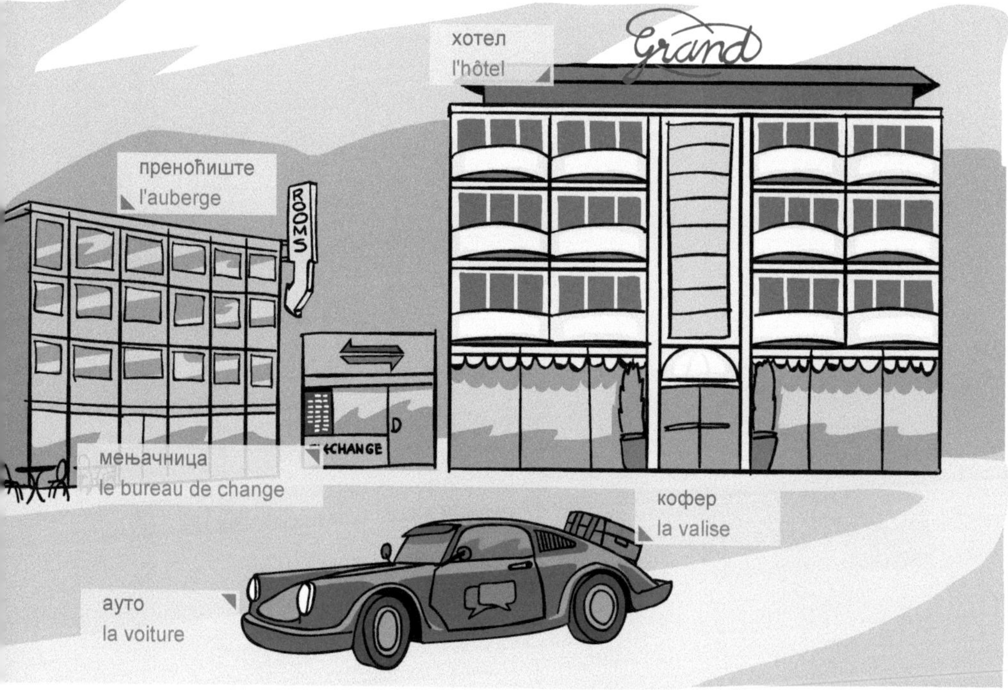

Grand
хотел
l'hôtel
преноћиште
l'auberge
ROOMS
мењачница
le bureau de change
кофер
la valise
ауто
la voiture

језик

la langue

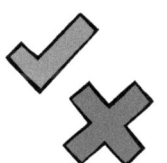

да / не

oui / non

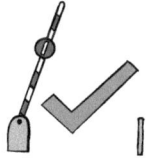

океј

Okay

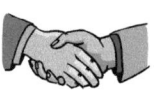

здраво

Allo!

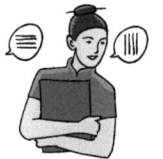

преводилац

le traducteur

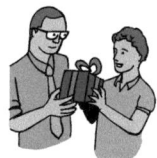

хвала

Merci

Колико кошта...?
Combien coûte...?

не разумем
Je ne comprends pas

проблем
le problème

добро вече!
Bonsoir !

Добро јутро!
Bonjour !

Лаку ноћ!
Bonne nuit !

довиђења
bye bye

смер
la direction

пртљага
les bagages

торба
le sac

руксак
le sac à dos

гост
l'invité

соба
la pièce

врећа за спавање
le sac de couchage

шатор
la tente

путовање - le voyage

туристичке информације

le bureau d'information touristique

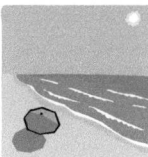

плажа

la plage

кредитна картица

la carte de crédit

доручак

le déjeuner

ручак

le dîner

вечера

le souper

карта за вожњу

le billet

лифт

l'ascenseur

поштанска маркица

le timbre

граница

la frontière

царина

la douane

амбасада

l'ambassade

виза

le visa

пасош

le passeport

путовање - le voyage

транспорт
le transport

брод — le navire

авион — l'avion

ватрогасно возило — le camion d'incendie

аутобус — l'autobus

теретно возило — le camion

моторни чамац — bateau à moteur

ауто — la voiture

бицикл — le vélo

трајект
le traversier

чамац
le bateau

мотоцикл
la motocyclette

полицијски ауто
la voiture de police

тркаћи ауто
la voiture de course

изнајмљено ауто
la voiture de location

дељење аутомобила
l'autopartage

вучно возило
la dépanneuse

возило за одвоз смећа
le camion à ordures

мотор
le moteur

бензин
le carburant

бензинска станица
la station-service

саобраћајни знак
panneau de signalisation

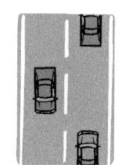

саобраћај
la circulation

застој
l'embouteillage

паркиралиште
le parc de stationnement

железничка станица
la gare

шине
les voies ferrées

воз
le train

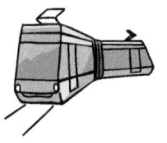

трамвај
le tramway

вагон
le wagon

транспорт - le transport

хеликоптер
l'hélicoptère

аеродром
l'aéroport

кула
la tour

путник
le passager

контејнер
le conteneur

картон
la boîte en carton

колица
le chariot

корпа
le panier

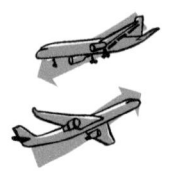
узлетети / слетети
décoller / atterrir

град
la ville

село
le village

центар града
le centre-ville

кућа
la maison

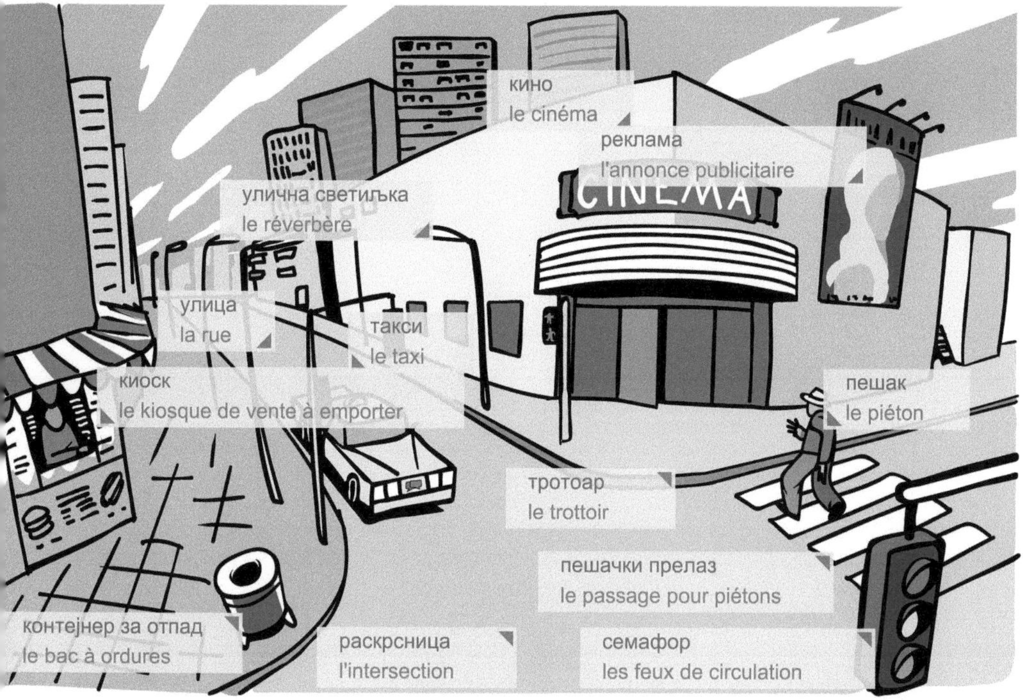

кино
le cinéma

реклама
l'annonce publicitaire

улична светиљка
le réverbère

улица
la rue

такси
le taxi

киоск
le kiosque de vente à emporter

пешак
le piéton

тротоар
le trottoir

пешачки прелаз
le passage pour piétons

контејнер за отпад
le bac à ordures

раскрсница
l'intersection

семафор
les feux de circulation

колиба
....
la cabane

стан
....
l'appartement

железничка станица
....
la gare

већница
....
l'hôtel de ville

музеј
....
le musée

школа
....
l'école

град - la ville

универзитет
l'université

банка
la banque

болница
l'hôpital

хотел
l'hôtel

апотека
la pharmacie

канцеларија
le bureau

књижара
la librairie

продавница
le magasin

цвећара
le fleuriste

супермаркет
le supermarché

трг
le marché

робна кућа
le grand magasin

рибарница
la poissonnerie

трговачки центар
le centre commercial

лука
le port

град - la ville

парк

le parc

клупа

le banc

мост

le pont

степенице

les escaliers

подземна железница

le métro

тунел

le tunnel

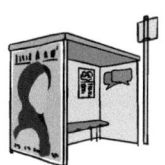

аутобуска станица

l'arrêt d'autobus

бар

le bar

ресторан

le restaurant

поштанско сандуче

la boîte à lettres

улични знак

la plaque de rue

паркирни аутомат

le parcomètre

зоолошки врт

le zoo

базен

les bains publics

џамија

la mosquée

град - la ville

сеоско газдинство
la ferme

загађење околине
la pollution

гробље
le cimetière

црква
l'église

игралиште
l'aire de jeux

храм
le temple

пејсаж
le paysage

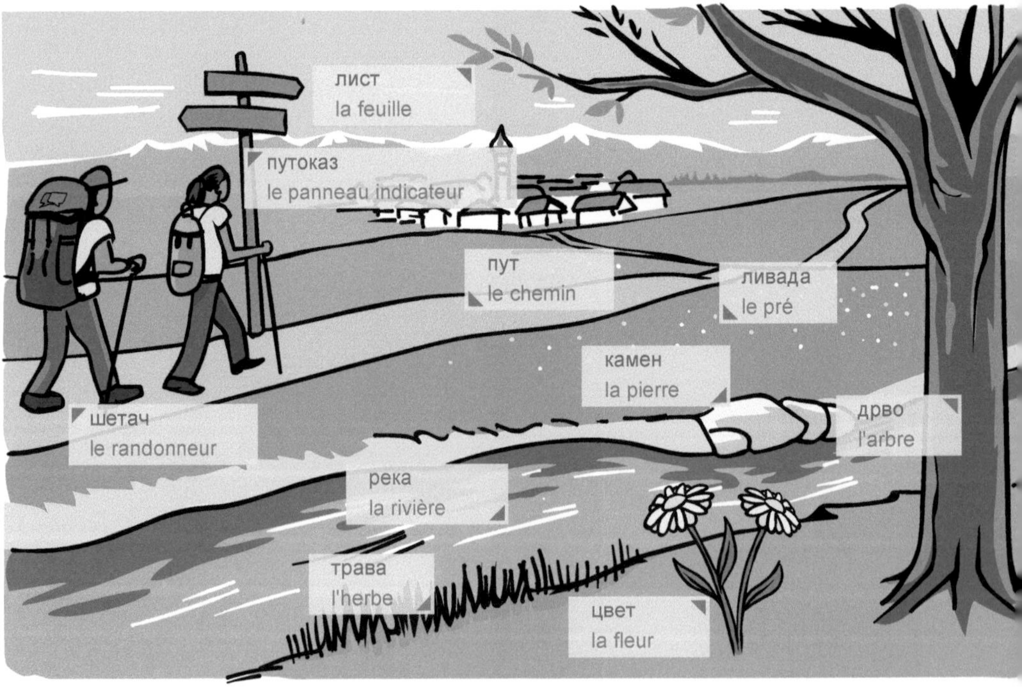

лист — la feuille
путоказ — le panneau indicateur
пут — le chemin
ливада — le pré
камен — la pierre
дрво — l'arbre
шетач — le randonneur
река — la rivière
трава — l'herbe
цвет — la fleur

долина
la vallée

планина
la colline

језеро
le lac

шума
la forêt

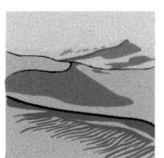
пустиња
le désert

вулкан
le volcan

дворац
le château

дуга
l'arc-en-ciel

гљива
le champignon

палма
le palmier

москито
le moustique

мува
la mouche

мрав
la fourmi

пчела
l'abeille

паук
l'araignée

пејсаж - le paysage

буба
le scarabée

жаба
la grenouille

веверица
l'écureuil

јеж
le hérisson

зец
le lièvre

сова
la chouette

птица
l'oiseau

лабуд
le cygne

дивља свиња
le sanglier

јелен
le cerf

лос
l'orignal

насип
le barrage

ветрењача
l'éolienne

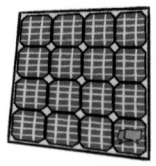
соларна плоча
le panneau solaire

клима
le climat

пејсаж - le paysage

ресторан
le restaurant

конобар — le serveur
јеловник — le menu
столица — la chaise
супа — la soupe
прибор за јело — la coutellerie
пица — la pizza
столњак — la nappe

предјело
les hors-d'œuvre

главно јело
le plat principal

десерт
le dessert

напитци
les boissons

јело
les aliments

флаша
la bouteille

брза храна

la restauration rapide

имбис храна

la cuisine de rue

чајник

la théière

доза за шећер

le sucrier

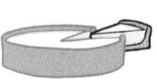

порција

la part

апарат за еспресо

la machine à expresso

висока столица

la chaise haute d'enfant

рачун

la facture

послужавник

le plateau

нож

le couteau

виљушка

la fourchette

кашика

la cuillère

чајна кашика

la cuillère à thé

салвета

la serviette

чаша

le verre

ресторан - le restaurant

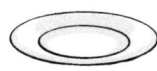

тањир
l'assiette

тањир за супу
l'assiette creuse

тањирић
la soucoupe

сос
la sauce

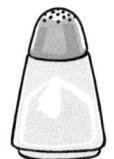

сољенка
la salière

млин за бибер
le moulin à poivre

сирће
le vinaigre

уље
l'huile

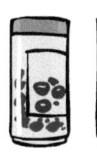

зачини
les épices

кечап
le ketchup

сенф
la moutarde

мајонеза
la mayonnaise

ресторан - le restaurant

супермаркет
le supermarché

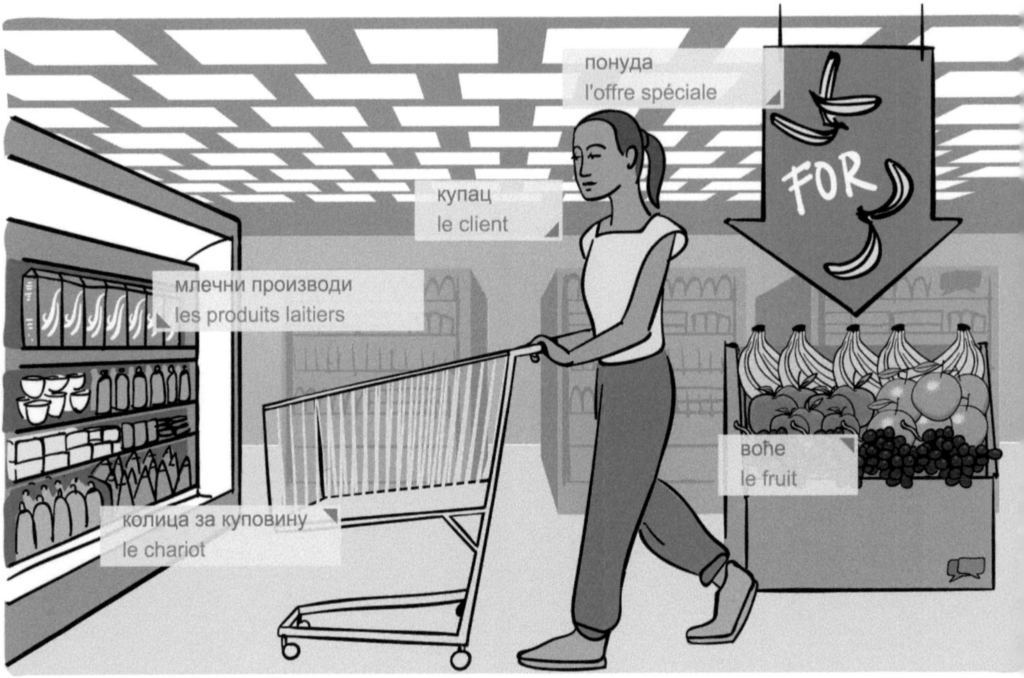

понуда
l'offre spéciale
FOR
купац
le client
млечни производи
les produits laitiers
воће
le fruit
колица за куповину
le chariot

BUTCHERS

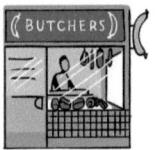

месница

la boucherie

BAKERY

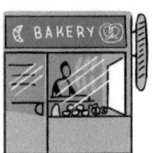

пекара

la boulangerie

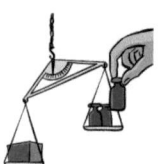

вагати

peser

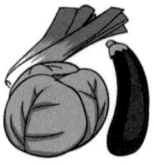

поврће

les légumes

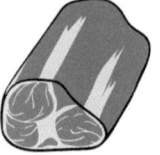

месо

la viande

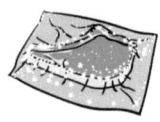

смрзнута храна

les aliments congelés

нарезак

les viandes froides

конзерве

les conserves

средство за прање

le détergent à lessive en poudre

слаткиши

les sucreries

артикли за домаћинство

les produits d'entretien ménager

средства за чишћење

les produits d'entretien

продавачица

la vendeuse

благајна

la caisse

благајник

le caissier

листа за куповину

la liste de provisions

време рада

les heures d'ouverture

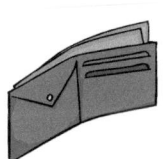

новчаник

le portefeuille

кредитна картица

la carte de crédit

торба

le sac

пластична кеса

le sac plastique

супермаркет - le supermarché

напитци
les boissons

вода

l'eau

сок

le jus

млеко

le lait

кола

le cola

вино

le vin

пиво

la bière

алкохол

l'alcool

какао

le cacao

чај

le thé

кава

le café

еспресо

l'expresso

капућино

le cappuccino

јело
les aliments

банана
la banane

јабука
la pomme

наранџа
l'orange

лубеница
le melon d'eau

лимун
le citron.

шаргарепа
la carotte

бели лук
l'ail

бамбус
le bambou

лук
l'oignon

гљива
le champignon

орашасти плодови
les noix

резанци
les nouilles

шпагете
les spaghettis

рижа
le riz

салата
la salade

помфрит
les frites

печени крумпир
les pommes de terre sautées

пица
la pizza

хамбургер
le hamburger

сендвич
le sandwich

шницла
l'escalope

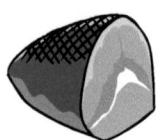

шунка
le jambon

салама
le salami

кобасица
la saucisse

кокош
le poulet

печење
le rôti

риба
le poisson

jelo - les aliments

зобене пахуљице

le gruau d'avoine

мусли

le muesli

кукурузне пахуљице

les flocons de maïs

брашно

la farine

кроасан

le croissant

пециво

le petit pain

хлеб

le pain

тоаст

la rôtie

кекси

les biscuits

маслац

le beurre

свежи сир

le caillé

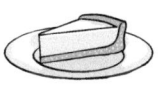

колач

le gâteau

јаје

l'œuf

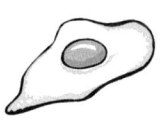

јаје на око

l'œuf miroir

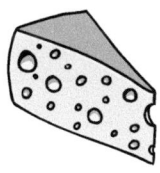

сир

le fromage

јело - les aliments 25

сладолед
la crème glacée

шећер
le sucre

мед
le miel

мармелада
la confiture

нугат крема
la crème de nougat

кари
le cari

сеоско газдинство
la ferme

сеоска кућа
la ferme

амбар
la grange

бале сена
le ballot de paille

поље
le champ

коњ
le cheval

приколица
la remorque

ждребе
le poulain

трактор
le tracteur

магарац
l'âne

лане
l'agneau

овца
le mouton

коза
la chèvre

крава
la vache

теле
le veau

свиња
le porc

прасе
le porcelet

бик
le taureau

гуска
l'oie

патка
le canard

пилићи
le poussin

кокош
la poule

петао
le coq

пацов
le rat

мачка
le chat

миш
la souris

вол
le bœuf

пас
le chien

кућица за пса
la niche

вртно црево
le tuyau d'arrosage

канта за поливање
l'arrosoir

коса
la faux

плуг
la charrue

срп
la faucille

мотика
la binette

виљушка за ђубриво
la fourche à foin

секира
la hache

тачке
la brouette

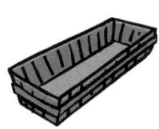

корито
l'auge

посуда за млеко
le pot à lait

врећа
le grand sac

ограда
la clôture

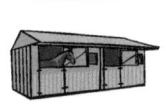

штала
l'écurie

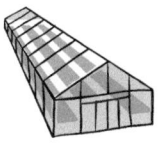

стакленик
la serre

земља
le sol

семе
les graines

ђубриво
l'engrais

комбајн
la moissonneuse-batteuse

сеоско газдинство - la ferme

жети

récolter

жетва

la récolte

јамс зачин

l'igname

пшеница

le blé

соја

le soja

крумпир

la pomme de terre

кукуруз

le maïs

уљана репица

la graine de colza

воћка

l'arbre fruitier

гомољ маниоке

le manioc

житарице

les grains

сеоско газдинство - la ferme

кућа
la maison

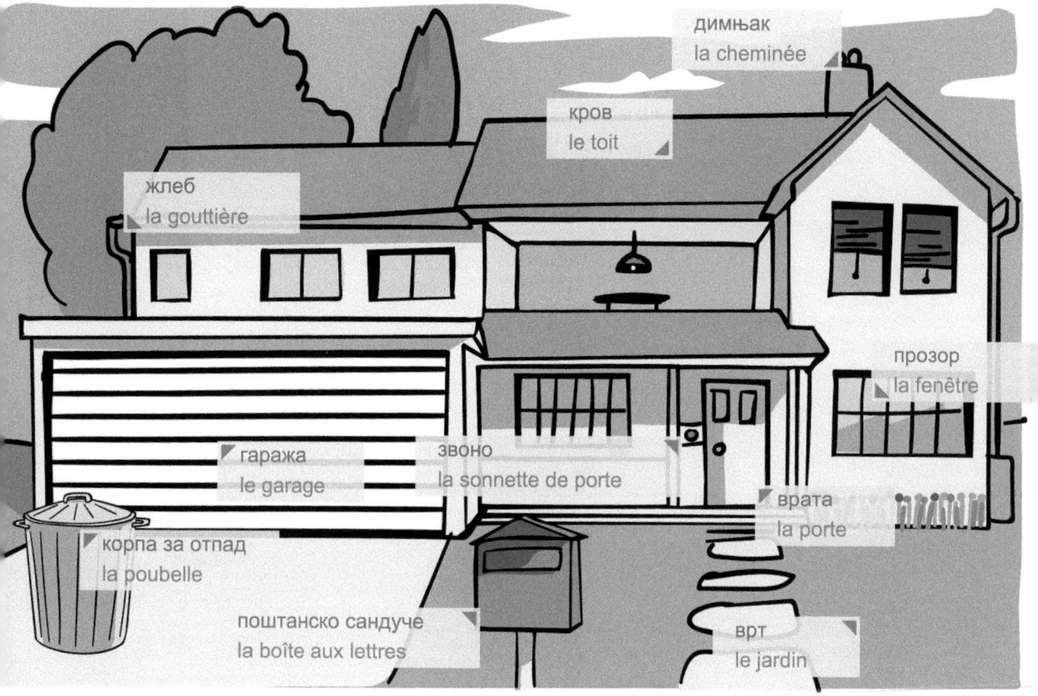

- димњак — la cheminée
- кров — le toit
- жлеб — la gouttière
- прозор — la fenêtre
- гаража — le garage
- звоно — la sonnette de porte
- врата — la porte
- корпа за отпад — la poubelle
- поштанско сандуче — la boîte aux lettres
- врт — le jardin

дневна соба
la salle de séjour

купаоница
la salle de bains

кухиња
la cuisine

спаваћа соба
la chambre à coucher

дечија соба
la chambre d'enfant

трпезарија
la salle à manger

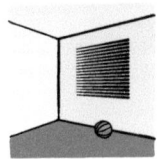

под
le plancher

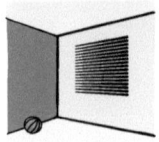

зид
le mur

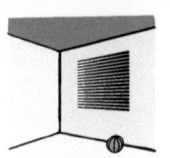

строп
le plafond

подрум
le cellier

сауна
le sauna

балкон
le balcon

тераса
la terrasse

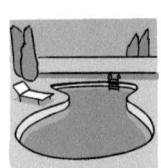

базен
la piscine

косилица за траву
la tondeuse à gazon

постељина за кревет
le drap

дека за кревет
le jeté de lit

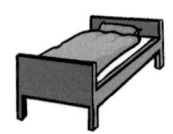

кревет
le lit

метла
le balai

канта
le seau

прекидач
l'interrupteur

кућа - la maison

дневна соба
la salle de séjour

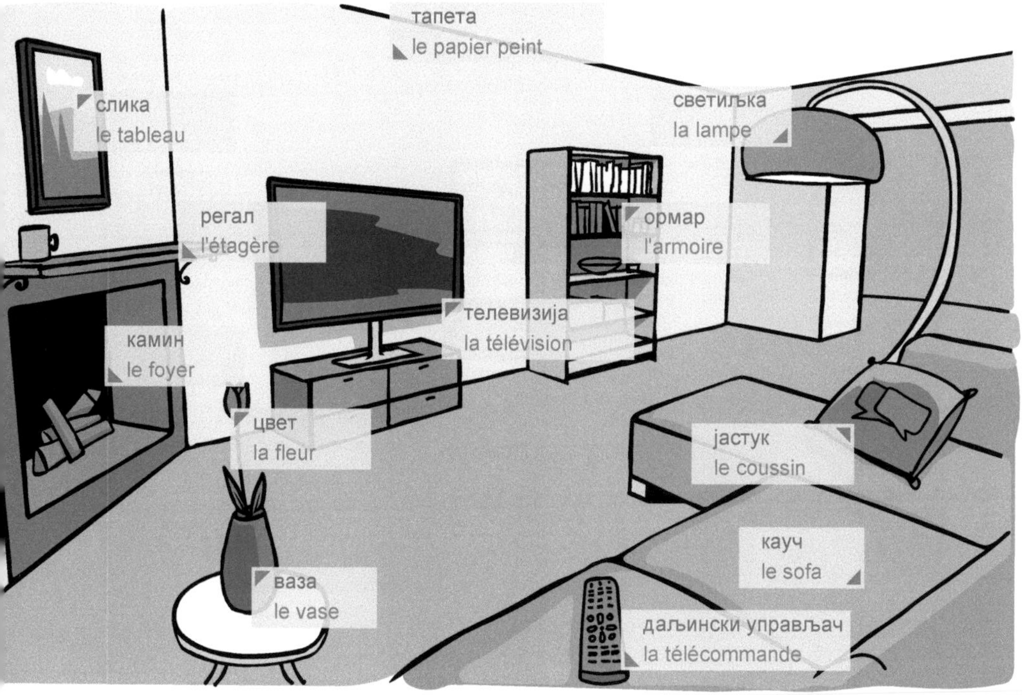

- тапета — le papier peint
- слика — le tableau
- светиљка — la lampe
- регал — l'étagère
- ормар — l'armoire
- камин — le foyer
- телевизија — la télévision
- цвет — la fleur
- јастук — le coussin
- ваза — le vase
- кауч — le sofa
- даљински управљач — la télécommande

тепих
le tapis

завеса
le rideau

сто
la table

столица
la chaise

столица за њихање
la berceuse

фотеља
le fauteuil

књига
le livre

дека
la couverte

декорација
la décoration

дрво за огрев
le bois de chauffage

филм
le film

хи-фи уређај
la chaîne hi-fi

кључ
la clé

новине
le journal

слика на платну
la peinture

постер
l'affiche

радио
la radio

блок за писање
le bloc-notes

усисивач
l'aspirateur

кактус
le cactus

свећа
la chandelle

дневна соба - la salle de séjour

кухиња
la cuisine

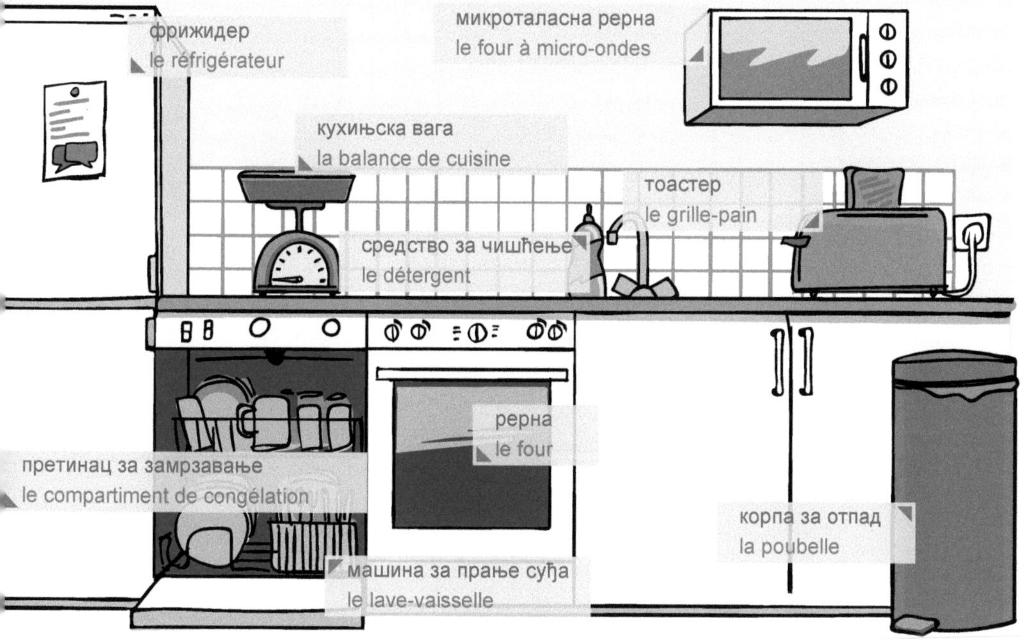

фрижидер
le réfrigérateur

микроталасна рерна
le four à micro-ondes

кухињска вага
la balance de cuisine

тоастер
le grille-pain

средство за чишћење
le détergent

претинац за замрзавање
le compartiment de congélation

рерна
le four

корпа за отпад
la poubelle

машина за прање суђа
le lave-vaisselle

шпорет
la cuisinière

лонац
la marmite

гвоздени лонац
la cocotte en fonte

вок / кадаи
le wok/kadai

тава
la poêle

кувало за воду
la bouilloire

кухиња - la cuisine

кувало на пару

le cuiseur à vapeur

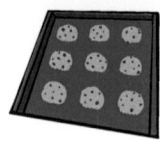

лим за печење

la plaque à patisserie

посуђе

la vaisselle

чаша

la grande tasse

посуда

le bol

штапићи за јело

les baguettes

кутлача

la louche

лопатица

la spatule

пењача

le fouet

сито за кување

la passoire

сито

le tamis

рибеж

la râpe

мужар

le mortier

роштиљ

le barbecue

огњиште

le foyer

кухиња - la cuisine

даска
la planche à découper

оклагија
le rouleau à pâtisserie

вадичеп
le tire-bouchon

конзерва
la boîte à conserves

отварач конзерви
l'ouvre-boîte

крпа за лонац
la mitaine de four

судопер
l'évier

четка
la brosse

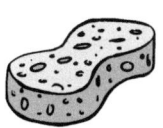
сунђер
l'éponge

миксер
le mélangeur

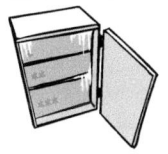
замрзивач
le congélateur

флашица за бебе
le biberon

славина за воду
le robinet

кухиња - la cuisine

купаоница
la salle de bains

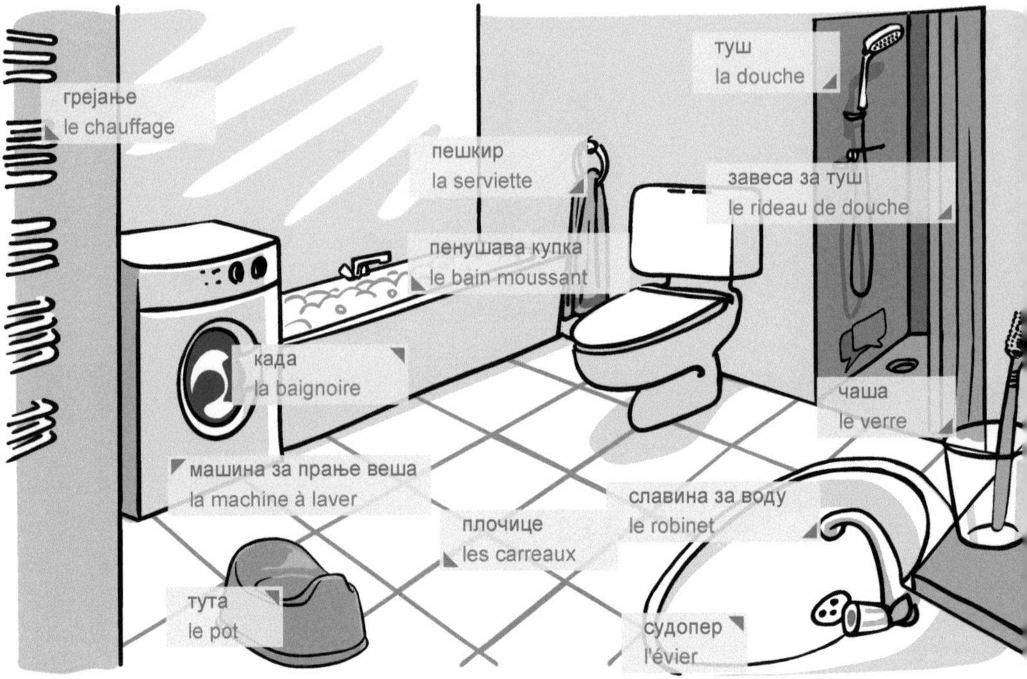

- грејање — le chauffage
- туш — la douche
- пешкир — la serviette
- завеса за туш — le rideau de douche
- пенушава купка — le bain moussant
- када — la baignoire
- чаша — le verre
- машина за прање веша — la machine à laver
- плочице — les carreaux
- славина за воду — le robinet
- тута — le pot
- судопер — l'évier

тоалет

la toilette

чучавац

la toilette turque

бидет

le bidet

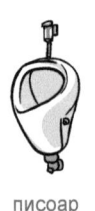

писоар

l'urinoir

тоалетни папир

le papier hygiénique

четка за тоалет

la brosse à toilette

четкица за зубе

la brosse à dents

паста за зубе

le dentifrice

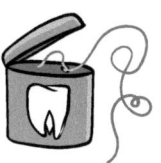

конац за зубе

la soie dentaire

прати

laver

туш ручица

la douchette

туш за прање интимних делова

la douche vaginale

лавор

la cuvette

четка за прање леђа

la brosse pour le dos

сапун

le savon

гел за туширање

le gel douche

шампон

le shampooing

крпа за прање

la débarbouillette

одвод

le drain

крема

la crème

дезодоранс

le déodorant

купаоница - la salle de bains

огледало

le miroir

козметичко огледало

le miroir à main

бријач

le rasoir

пена за бријање

la mousse à raser

лосион за после бријања

l'après-rasage

чешаљ

le peigne

четка

la brosse

фен за косу

le sèche-cheveux

спреј за косу

la laque

шминка

le maquillage

руж за усне

le rouge à lèvres

лак за нокте

le vernis à ongles

вата

l'ouate

маказе за нокте

les ciseaux à ongles

парфем

le parfum

купаоница - la salle de bains

козметичка торбица

la trousse de toilette

столица

le tabouret

вага

le pèse-personne

огртач

le peignoir

рукавице за чишћење

les gants de caoutchouc

тампон

le tampon

уложак

les serviettes hygiéniques

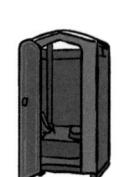

хемијски тоалет

la toilette chimique

купаоница - la salle de bains

дечија соба

la chambre d'enfant

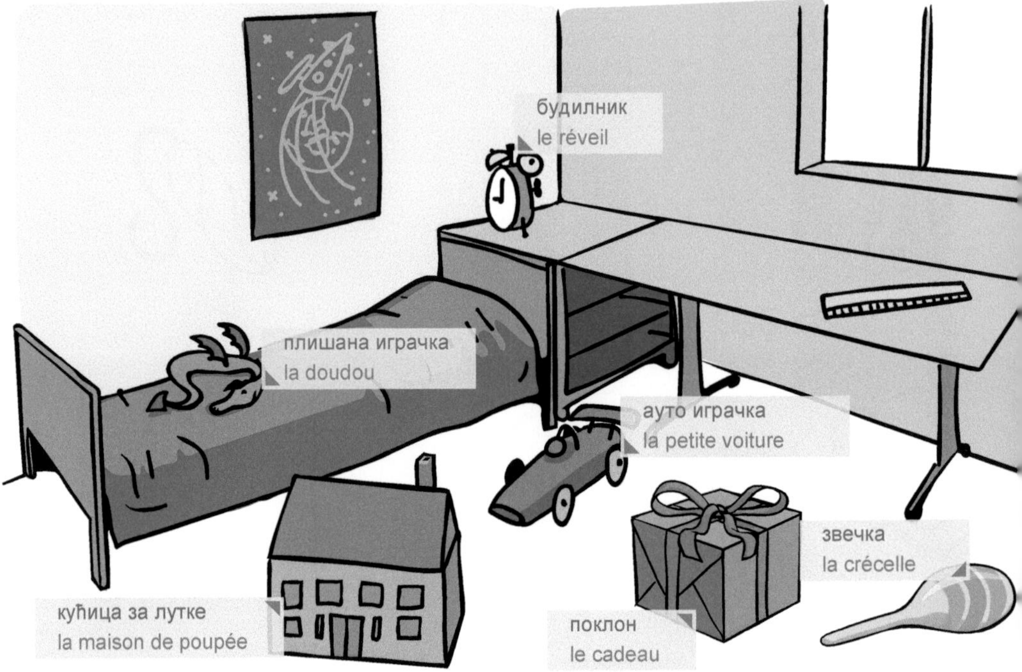

будилник
le réveil
плишана играчка
la doudou
ауто играчка
la petite voiture
звечка
la crécelle
кућица за лутке
la maison de poupée
поклон
le cadeau

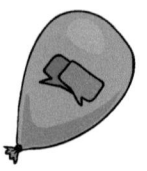

балон

le ballon

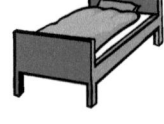

кревет

le lit

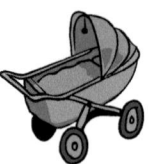

дјечија колица

le landau

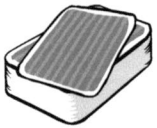

игра са картама

le jeu de cartes

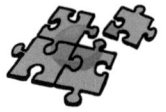

слагалица

le casse-tête

SUPER MEGA

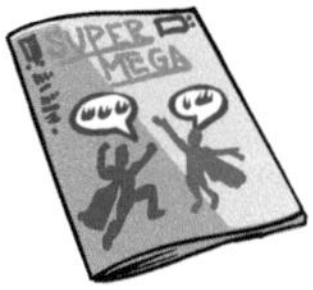

стрип

la bande dessinée

лего коцкице
les blocs LEGO

коцкице за слагање
le jeu de briques

акциони јунак
la figurine articulée

бенкица за бебе
la dormeuse

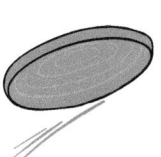

фризби
le disque volant

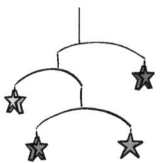

висеће играчке
le mobile

друштвене игре
le jeu de société

коцка
le dé

минијатурна жељезница
l'ensemble de modèles de train

дуда
le mannequin

забава
la fête

сликовница
le livre d'images

лопта
la balle

лутка
la poupée

играти
jouer

дечија соба - la chambre d'enfant

пешчаник
le bac à sable

љуљачка
la balançoire

играчка
les jouets

конзола за игре
la console de jeu vidéo

трицикл
le tricycle

теди
l'ours en peluche

ормар
la garde-robe

одећа
les vêtements

кратке чарапе
les chaussettes

чарапе
les bas

хулахопке
le collant

шал
l'écharpe

кишобран
le parapluie

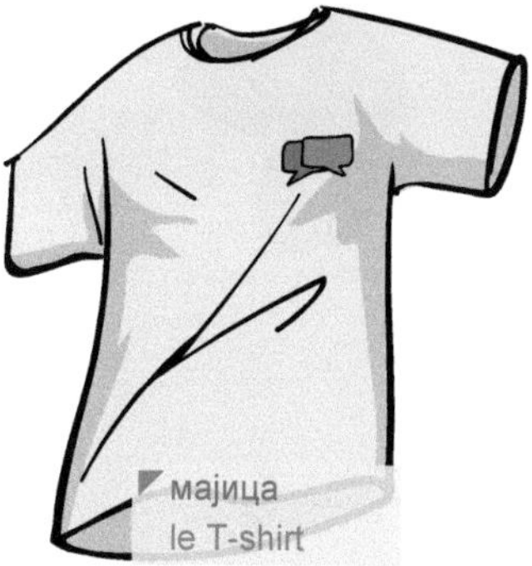

мајица
le T-shirt

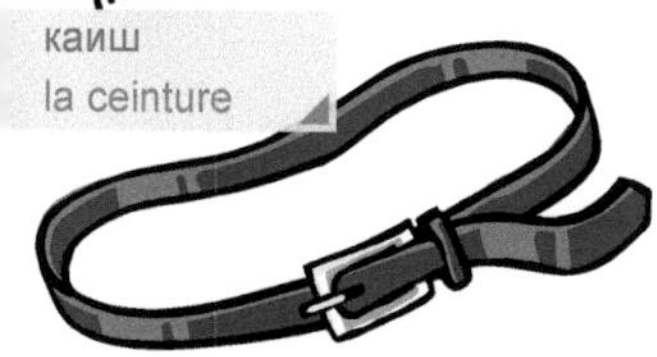

каиш
la ceinture

чизме
les bottes

папуче
les pantoufles

патике
les chaussures de sport

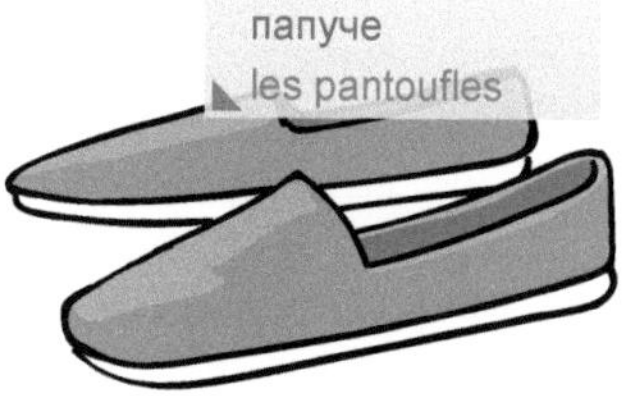

сандале
les sandales
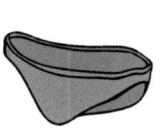

ципеле
les souliers

гумене чизме
les bottes de caoutchouc

гаћице
les sous-vêtements

грудњак
le soutien-gorge

поткошуља
le gilet

одећа - les vêtements

боди
le body

панталоне
le pantalon

фармерке
le jean

сукња
la jupe

блуза
le chemisier

кошуља
la chemise

џемпер
le chandail

џемпер с капуљачом
le chandail à capuche

сако
le blazer

јакна
la veste

мантил
le manteau

кабаница
le manteau de pluie

костим
le complet

хаљина
la robe

венчаница
la robe de mariée

одећа - les vêtements

одело
le tailleur

спаваћица
la chemise de nuit

пиџама
le pyjama

сари
le sari

марама за главу
le foulard

турбан
le turban

бурка
la burqa

кафтан
le cafetan

абаја
l'abaya

купаћи костим
le maillot de bain

купаће гаћице
le maillot short

кратке панталоне
la culotte courte

одећа за тренинг
le survêtement

кецеља
le tablier

рукавице
les mitaines

одећа - les vêtements

дугме
le bouton

наочаре
les lunettes

наруквица
le bracelet

огрлица
le collier

прстен
la bague

наушница
la boucle d'oreille

капа
la tuque

вешалица
le cintre

шешир
le chapeau

кравата
la cravate

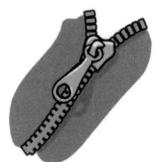
патент затварач
la fermeture à glissière

кацига
le casque

нараменице
les bretelles

школска униформа
l'uniforme scolaire

униформа
l'uniforme

одећа - les vêtements

подбрадак
le bavoir

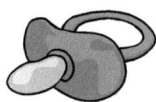
дуда
le mannequin

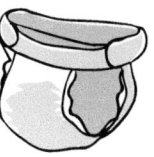
пелена
la couche

канцеларија
le bureau

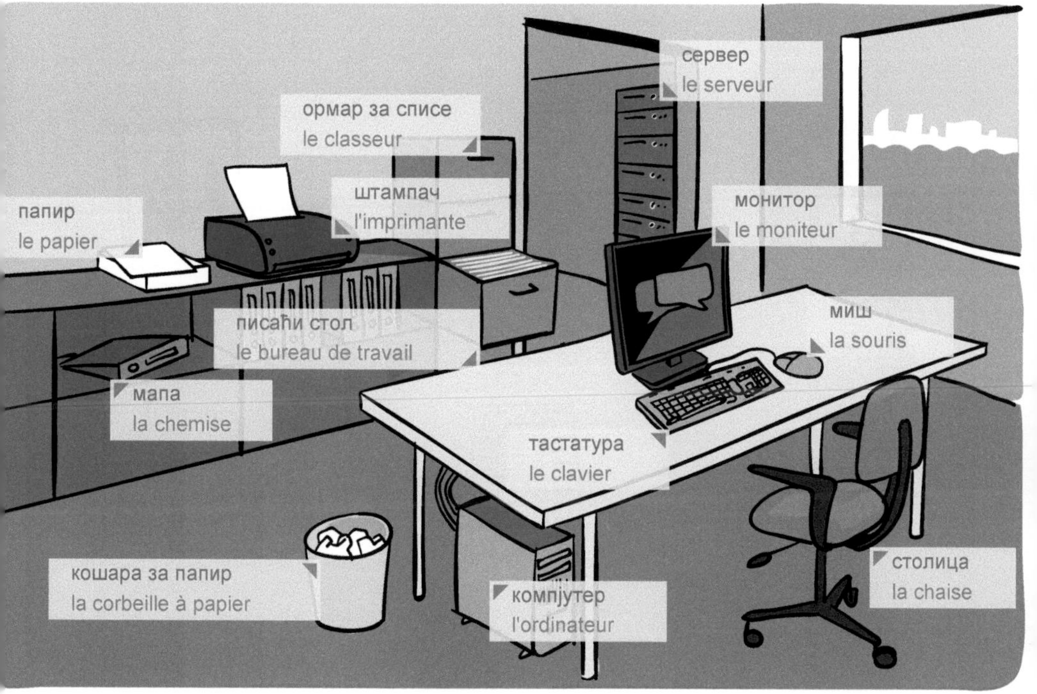

- сервер — le serveur
- ормар за списе — le classeur
- штампач — l'imprimante
- монитор — le moniteur
- папир — le papier
- писаћи сто — le bureau de travail
- миш — la souris
- мапа — la chemise
- тастатура — le clavier
- кошара за папир — la corbeille à papier
- компјутер — l'ordinateur
- столица — la chaise

шалица за каву
la grande tasse à café

калкулатор
la calculatrice

интернет
l'Internet

лаптоп
l'ordinateur portable

писмо
la lettre

порука
le message

мобилни телефон
le téléphone cellulaire

мрежа
le réseau

уређај за копирање
le photocopieur

софтвер
le logiciel

телефон
le téléphone

утичница
la prise de courant

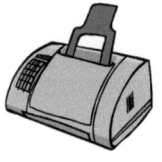
факс
le télécopieur

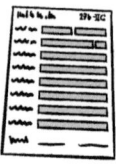
формулар
le formulaire

документ
le document

економија
l'économie

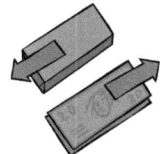

куповати

acheter

платити

payer

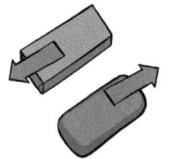

трговати

commercer

новац

l'argent

долар

le dollar

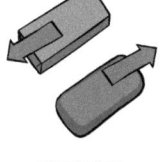

евро

l'euro

јен

le yen

рубља

le rouble

швајцарски франак

le franc suisse

ренминди јуан

le renminbi yuan

рупија

la roupie

аутомат за новац

le distributeur de billets

мењачница

le bureau de change

злато

l'or

сребро

l'argent

нафта

le pétrole

енергија

l'énergie

цена

le prix

уговор

le contrat

порез

la taxe

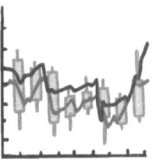

деонице

les actions

радити

travailler

службеник

l'employé

послодавац

l'employeur

фабрика

l'usine

продавница

le magasin

економија - l'économie

занимања
les professions

полицајац — l'agent de police
ватрогасац — le pompier
кувар — le cuisinier
лекар — le docteur
пилот — le pilote

вртлар
le jardinier

столар
le charpentier

кројачица
le couturier

судија
le juge

хемичар
le pharmacien

глумац
l'acteur

занимања - les professions

возач аутобуса	возач такси	рибар
le chauffeur d'autobus	le chauffeur de taxi	le pêcheur

чистачица	кровопокривач	конобар
la femme de ménage	le couvreur	le serveur

ловац	сликар	пекар
le chasseur	le peintre	le boulanger

електричар	грађевински радник	инжењер
l'électricien	le constructeur de bâtiments	l'ingénieur

месар	лимар	поштар
le boucher	le plombier	le facteur

занимања - les professions

војник
le soldat

архитекта
l'architecte

благајник
le caissier

цвећар
le fleuriste

фризер
le coiffeur

кондуктер
le chef de train

механичар
le mécanicien

капетан
le capitaine

зубар
le dentiste

научник
le scientifique

раби
le rabbin

имам
l'imam

монах
le moine

свећеник
l'ecclésiastique

занимања - les professions

алати
les outils

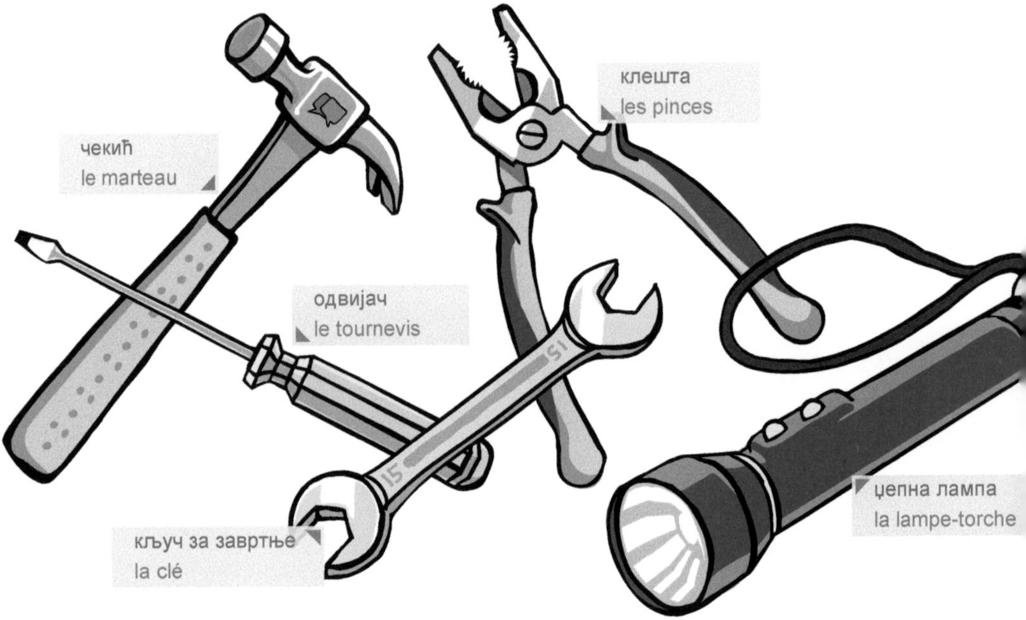

чекић
le marteau

клешта
les pinces

одвијач
le tournevis

кључ за завртње
la clé

џепна лампа
la lampe-torche

багер

l'excavatrice

кутија за алат

la boîte à outils

мердевине

l'échelle

пила

la scie

ексер

les clous

бушилица

la perceuse

поправити
réparer

лопата
la pelle

до ђавола!
Tabarnouche !

лопатица
la pelle à poussière

лонац за боју
le pot de peinture

завртањи
les vis

музички инструмент
les instruments de musique

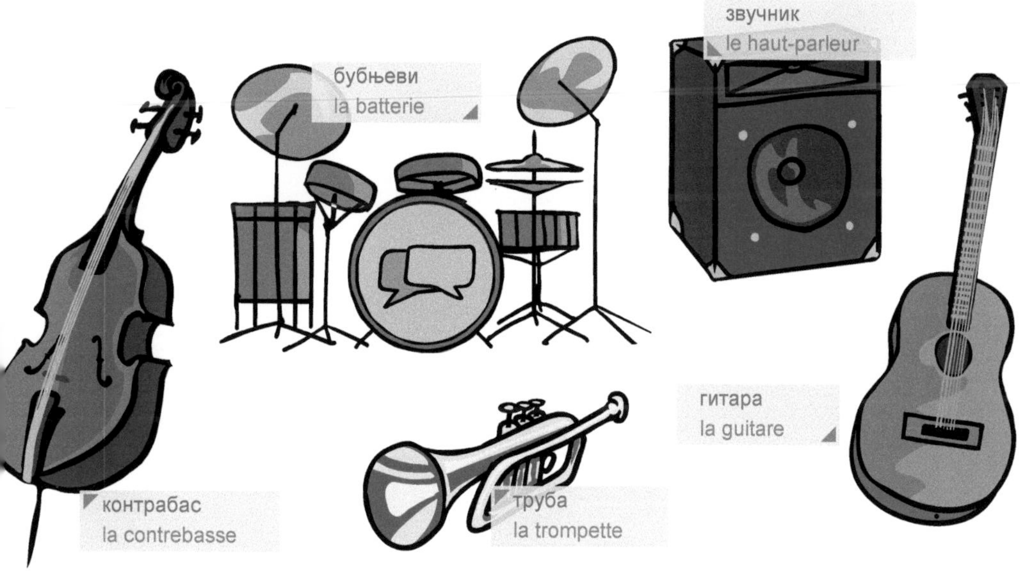

- бубњеви — la batterie
- звучник — le haut-parleur
- контрабас — la contrebasse
- труба — la trompette
- гитара — la guitare

клавир
le piano

виолина
le violon

бас
la basse

тимпани
les timbales

удараљке за бубњеве
le tambour

типке клавира
le synthétiseur

саксофон
le saxophone

флаута
la flûte

микрофон
le microphone

зоолошки врт
le zoo

тигар - le tigre
улаз - l'entrée
кавез - la cage
зебра - le zèbre
храна за животиње - la nourriture pour animaux
панда - le panda

животиње

les animaux

слон

l'éléphant

кенгур

le kangourou

носорог

le rhinocéros

горила

le gorille

медвед

l'ours

камила
le chameau

нoj
l'autruche

лав
le lion

мajмун
le singe

фламинго
le flamand rose

папагаj
le perroquet

поларни медвед
l'ours polaire

пингвин
le pingouin

аjкула
le requin

паун
le paon

змиjа
le serpent

крокодил
le crocodile

чувар у зоолошком врту
le gardien de zoo

туљан
le phoque

jагуар
le jaguar

пони
le poney

леопард
le léopard

нилски коњ
l'hippopotame

жирафа
la girafe

орао
l'aigle

дивља свиња
le sanglier

риба
le poisson

корњача
la tortue

морж
le morse

лисица
le renard

газела
la gazelle

зоолошки врт - le zoo

спорт
les sports

активности
les activités

- скочити — sauter
- загрлити — serrer dans les bras
- смејати се — rire
- ићи — marcher
- певати — chanter
- молити се — prier
- пољубити — embrasser
- сањати — rêver

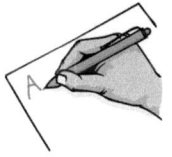

писати
écrire

цртати
dessiner

показати
montrer

гурати
pousser

дати
donner

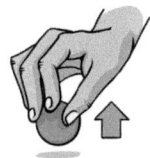

узети
prendre

имати
avoir

чинити
faire

бити
être

стојати
être debout

трчати
courir

повлачити
tirer

бацити
jeter

падати
tomber

лежати
s'allonger

чекати
attendre

носити
porter

седити
s'asseoir

облачити
s'habiller

спавати
dormir

пробудити се
se réveiller

64   активности - les activités

гледати
regarder

плакати
pleurer

миловати
caresser

чешљати
peigner

говорити
parler

разумети
comprendre

питати
demander

слушати
écouter

пити
boire

јести
manger

поспремити
ranger

волети
aimer

кухати
cuisiner

возити
conduire

летети
voler

активности - les activités

пловити
faire de la voile

рачунати
calculer

читати
lire

учити
apprendre

радити
travailler

венчати се
se marier

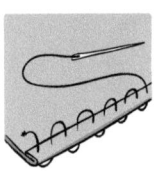

шити
coudre

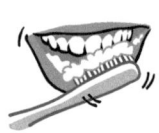

прати зубе
brosser les dents

убити
tuer

пушити
fumer

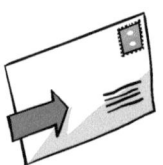

послати
envoyer

активности - les activités

породица
la famille

баба
la grand-mère

деда
le grand-père

отац
le père

мајка
la mère

беба
le bébé

ћерка
la fille

син
le fils

гост
l'invité

тетка
la tante

ујак, стриц
l'oncle

брат
le frère

сестра
la sœur

тело
le corps

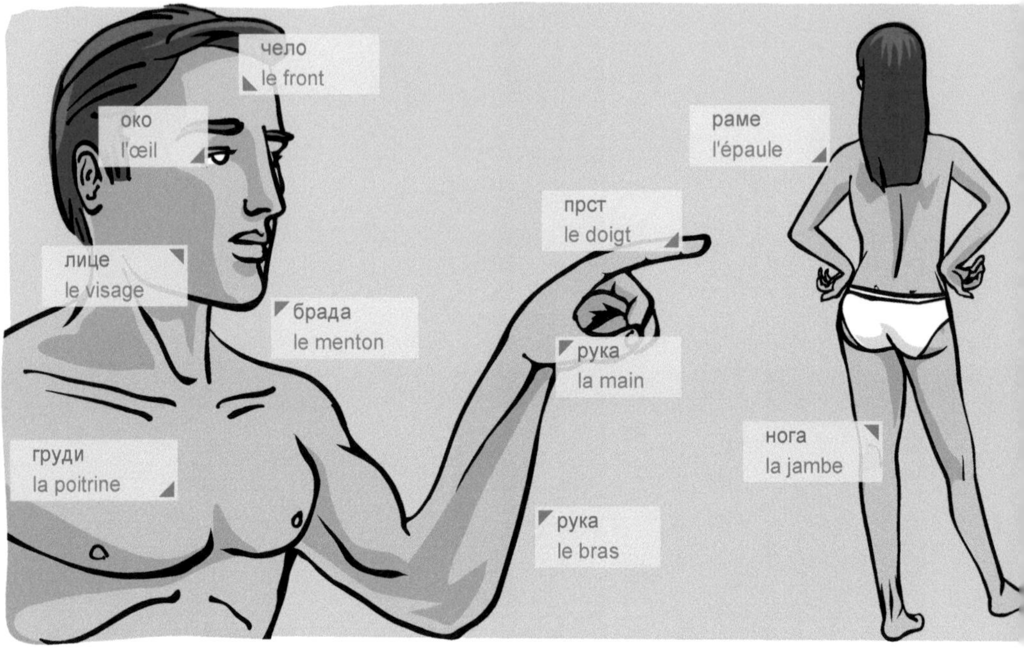

- чело / le front
- око / l'œil
- лице / le visage
- брада / le menton
- груди / la poitrine
- раме / l'épaule
- прст / le doigt
- рука / la main
- рука / le bras
- нога / la jambe

беба
le bébé

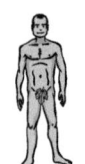

мушкарац
l'homme

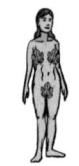

жена
la femme

девојчица
la fille

дечак
le garçon

глава
la tête

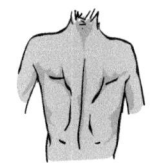
леђа
le dos

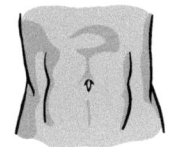
стомак
le ventre

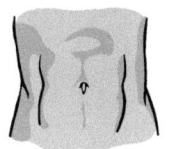
пупак
le nombril

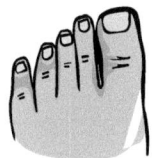
ножни прст
l'orteil

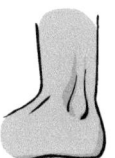
пета
le talon

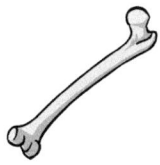
кост
l'os

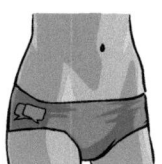
кукови
la hanche

колено
le genou

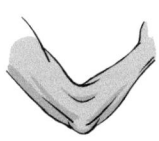
лакат
le coude

нос
le nez

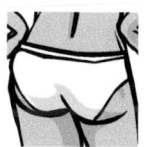
задњица
le derrière

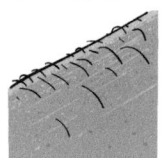
кожа
la peau

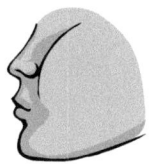
образ
la joue

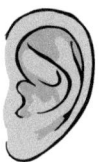
уво
l'oreille

усна
la lèvre

тело - le corps

уста

la bouche

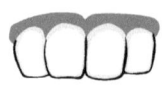

зуб

la dent

језик

la langue

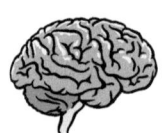

мозак

le cerveau

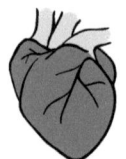

срце

le cœur

мишић

le muscle

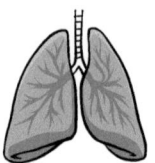

плућа

les poumons

јетра

le foie

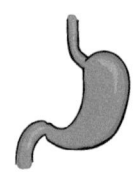

желудац

l'estomac

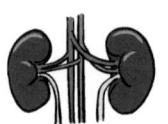

бубрези

les reins

полни однос

le rapport sexuel

кондом

le condom

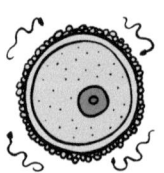

јајна ћелија

l'ovule

сперма

le sperme

трудноћа

la grossesse

тело - le corps

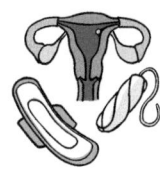

менструација
la menstruation

вагина
le vagin

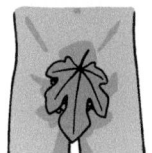

пенис
le pénis

обрва
le sourcil

коса
les cheveux

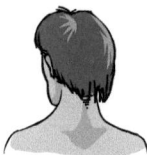

врат
le cou

тело - le corps

болница
l'hôpital

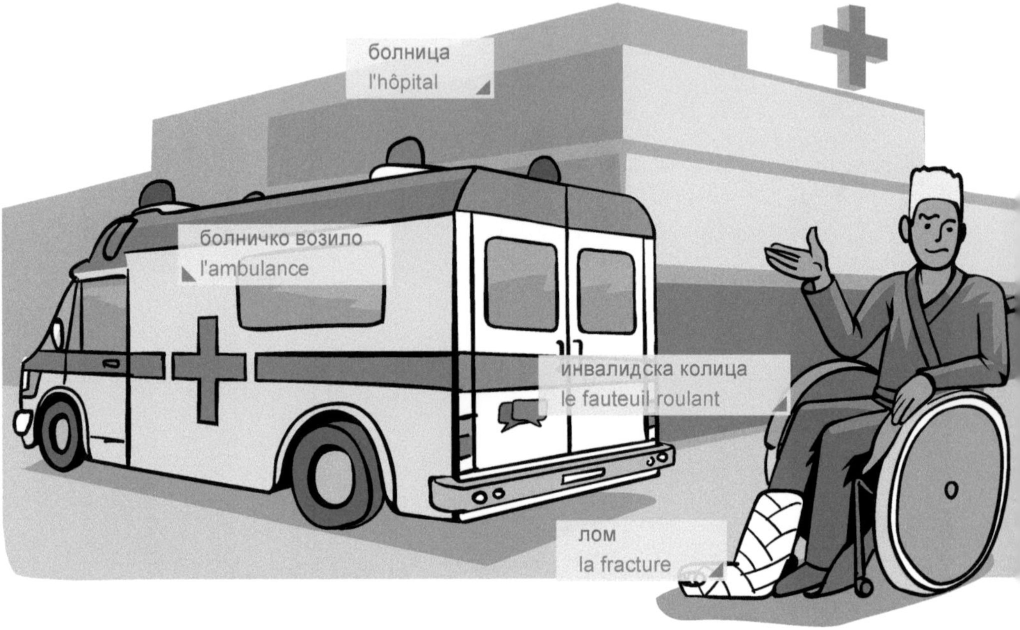

болница
l'hôpital

болничко возило
l'ambulance

инвалидска колица
le fauteuil roulant

лом
la fracture

лекар

le docteur

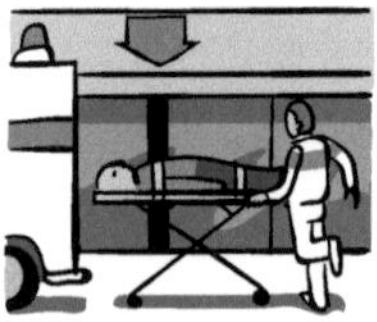

хитна медицинска служба

la salle des urgences

медицинска сестра

l'infirmier

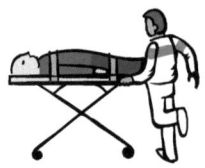

хитни случај

l'urgence

несвест

inconscient

бол

la douleur

повреда
la blessure

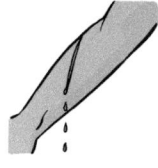

крварење
le saignement

срчани удар
la crise cardiaque

удар
l'AVC

алергија
l'allergie

кашаљ
la toux

грозница
la fièvre

грипа
la grippe

пролив
la diarrhée

главобоља
le mal de tête

рак
le cancer

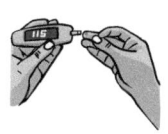

дијабетес
le diabète

хирург
le chirurgien

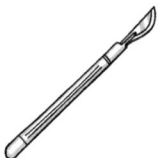

скалпел
le scalpel

операција
l'opération

болница - l'hôpital

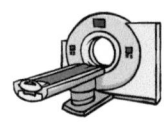
цт
la tomodensitométrie

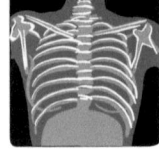
рентген
la radiographie

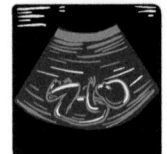
ултразвук
l'ultrason

маска
le masque

болест
la maladie

чекаона
la salle d'attente

штака
la béquille

фластер
le sparadrap

завој
le bandage

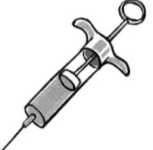
ињекција
l'injection

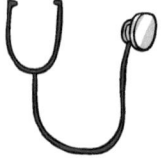
стетоскоп
le stéthoscope

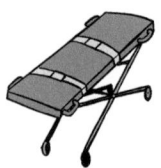
носила
le brancard

термометар
le thermomètre médical

рођење
l'accouchement

прекомерна тежина
l'excès de poids

болница - l'hôpital

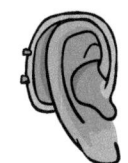
слушни апарат
l'appareil auditif

средство за дезинфекцију
le désinfectant

инфекција
l'infection

вирус
le virus

хив / аидс
le VIH/ le sida

медицина
le médicament

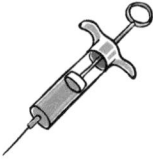
вакцинација
la vaccination

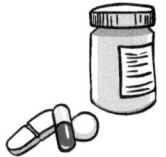
таблете
les comprimés

пилула
la pilule

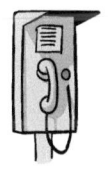
хитни позив
l'appel d'urgence

уређај за мерење притиска
le tensiomètre

болесно / здраво
malade / en bonne santé

болница - l'hôpital

хитни случај
l'urgence

помоћ! Au secours !	 аларм l'alarme	 насртај l'assaut
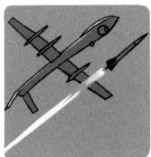 напад l'attaque	 опасност le danger	 излаз у случају нужде la sortie de secours
пожар! Au feu!	 противпожарни апарат l'extincteur	 незгода l'accident
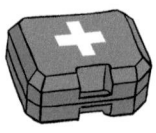 кутија прве помоћи la trousse de premiers soins	 сос SOS	 полиција la police

земља
la Terre

Европа
l'Europe

Северна Америка
l'Amérique du Nord

Јужна Америка
l'Amérique du Sud

Африка
l'Afrique

Азија
l'Asie

Аустралија
l'Australie

Атлантик
l'océan Atlantique

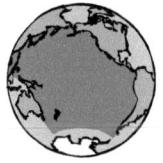

Пацифик
l'océan Pacifique

Индијски океан
l'océan Indien

Антарктички океан
l'océan Antarctique

Арктички океан
l'océan Arctique

Северни пол
le Pôle Nord

Јужни рол
le Pôle Sud

Антарктик
l'Antarctique

земља
la Terre

земља
la terre

море
la mer

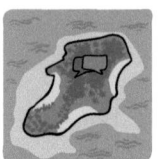
оток
l'île

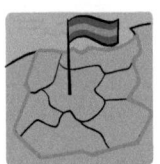
нација
la nation

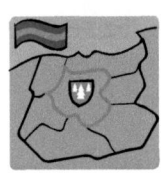
држава
l'État

земља - la Terre

сат
l'heure

бројчаник сата

le cadran

сатна казаљка

l'aiguille des heures

минутна казаљка

l'aiguille des minutes

секундна казаљка

l'aiguille des secondes

Колико је сати?

Quelle heure est-il ?

дан

le jour

време

le temps

сада

maintenant

дигитални сат

la montre à affichage numérique

минута

la minute

час

l'heure

седмица
la semaine

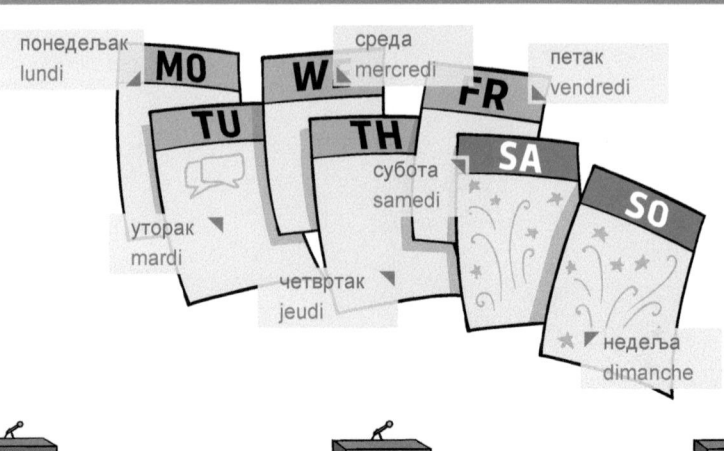

понедељак / lundi
среда / mercredi
петак / vendredi
уторак / mardi
четвртак / jeudi
субота / samedi
недеља / dimanche

јуче
hier

данас
aujourd'hui

сутра
demain

јутро
le matin

подне
le midi

вече
le soir

радни дани
les jours ouvrables

викенд
la fin de semaine

година
l'année

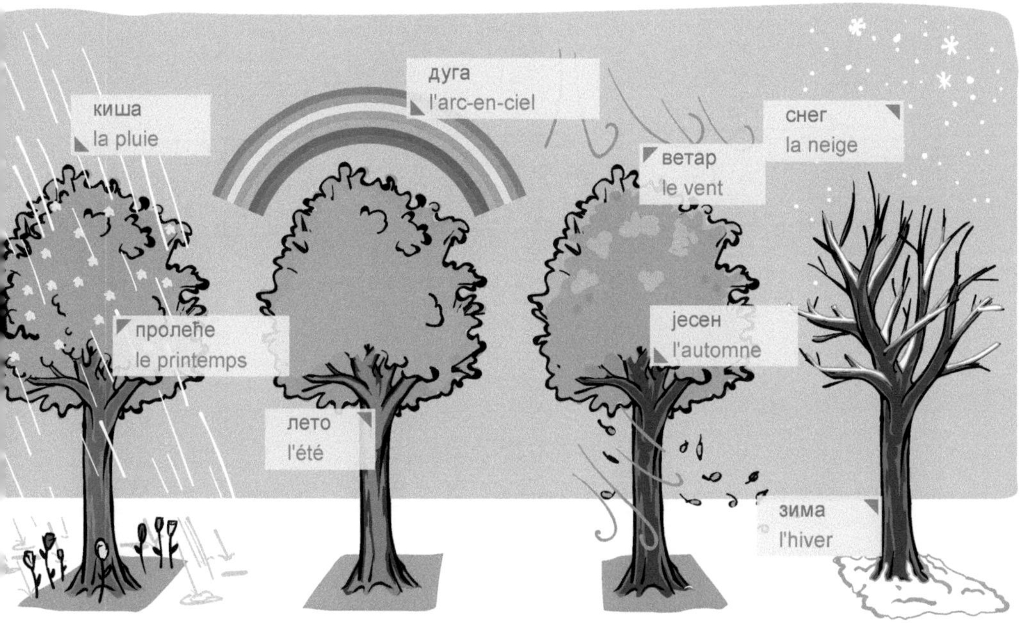

киша
la pluie
дуга
l'arc-en-ciel
снег
la neige
ветар
le vent
пролеће
le printemps
јесен
l'automne
лето
l'été
зима
l'hiver

4.APRIL 11°
5.APRIL 4°
6.APRIL 13°
7.APRIL 8°
8.APRIL 10°

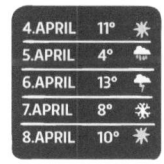

метеоролошка прогноза

les prévisions météorologiques

F C
120 40
90 30
60 20
30 10
0 0
-30 -10
-20

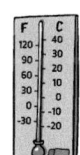

термометар

le thermomètre

сунчана светлост

les rayons du soleil

облак

le nuage

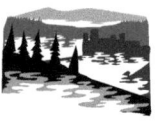

магла

le brouillard

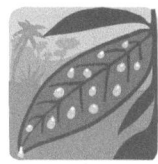

влажност ваздуха

l'humidité

муња
la foudre

грмљавина
le tonnerre

олуја
la tempête

туча
la grêle

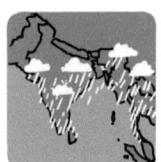

монсун
la mousson

поплава
l'inondation

лед
la glace

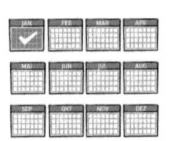

јануар
janvier

фебруар
février

март
mars

април
avril

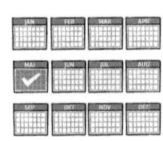

мај
mai

јуни
juin

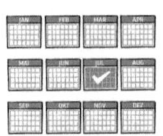

јули
juillet

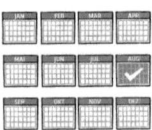

август
août

година - l'année

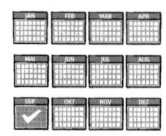

септембар

septembre

октобар

octobre

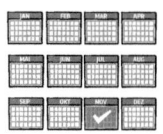

новембар

novembre

децембар

décembre

облици
les formes

круг

le cercle

квадрат

le carré

правоугао

le rectangle

троугао

le triangle

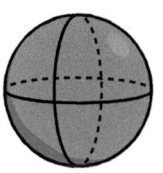

кугла

la sphère

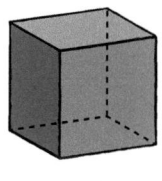

коцка

le cube

боје
les couleurs

бела
blanc

жута
jaune

наранџаста
orange

ружичаста
rose

црвена
rouge

љубичаста
violet

плава
bleu

зелена
vert

смеђа
marron

сива
gris

црна
noir

супротности
les opposés

много / мало

beaucoup / un peu

љутито / мирно

en colère / calme

лепо / ружно

beau / laid

почетак / крај

le début / la fin

велико / малено

grand / petit

светло / тамно

lumineux / sombre

брат / сестра

le frère / la sœur

чисто / прљаво

propre / sale

потпуно / непотпуно

complet / incomplet

дан / ноћ

le jour / la nuit

мртво / живо

mort / vivant

широко / уско

large / étroit

јестиво / нејестиво

comestible / non comestible

зло / добро

méchant / gentil

узбуђено / досадно

être enthousiaste / s'ennuyer

дебело / мршаво

gros / mince

на почетку / на крају

le premier / le dernier

пријатељ / непријатељ

l'ami / l'ennemi

пуно / празно

plein / vide

тврдо / мекано

dur / mou

тешко / лагано

lourd / léger

глад / жеђ

faim / soif

болесно / здраво

malade / en bonne santé

илегално / легално

illégal / légal

паметно / глупо

intelligent / stupide

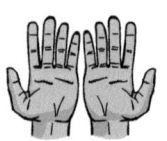

лево / десно

gauche / droite

близу / далеко

proche / loin

супротности - les opposés

ново / половно
neuf / usagé

ништа / нешто
rien / quelque chose

старо / младо
vieux / jeune

укључено / искључено
marche / arrêt

отворено / затворено
ouvert / fermé

тихо / гласно
calme / bruyant

богато / сиромашно
riche / pauvre

тачно / погрешно
correct / incorrect

храпаво / глатко
rugueux / lisse

тужно / сретно
triste / heureux

кратко / дуго
court / long

полако / брзо
lent / rapide

мокро / сухо
mouillé / sec

топло / хладно
chaud / froid

рат / мир
la guerre / la paix

супротности - les opposés

бројеви
les nombres

0
нула
zéro

1
један
un

2
два
deux

3
три
trois

4
четири
quatre

5
пет
cinq

6
шест
six

7
седам
sept

8
осам
huit

9
девет
neuf

10
десет
dix

11
једанаест
onze

12
дванаест
douze

13
тринаест
treize

14
четрнаест
quatorze

15
петнаест
quinze

16
шеснаест
seize

17
седамнаест
dix-sept

18
осамнаест
dix-huit

19
деветнаест
dix-neuf

20
двадесет
vingt

100
стотину
cent

1.000
хиљаду
mille

1.000.000
милион
le million

бројеви - les nombres

језици
les langues

енглески
l'anglais

амерички енглески
l'anglais américain

мандарински кинески
le chinois mandarin

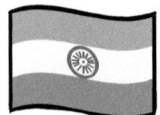

хиндски
le hindi

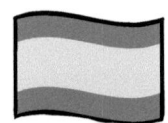

шпански
l'espagnol

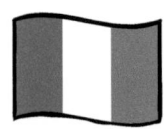

француски
le français

арапски
l'arabe

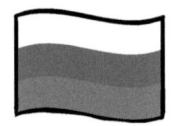

руски
le russe

португалски
le portugais

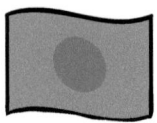

бенгалски
le bengali

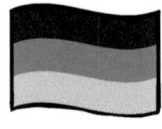

немачки
l'allemand

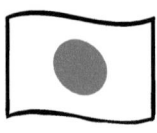

јапански
le japonais

ко / шта / како
qui / quoi / comment

ja
je

ти
tu

он / она / оно
il / elle / ce, c', cela

ми
nous

ви
vous

они
ils / elles

Ко?
qui ?

Шта?
quoi ?

Како?
comment ?

Где?
où ?

Када?
quand ?

име
le nom

где
où

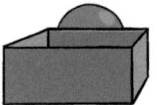
иза
derrière

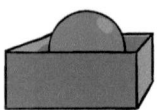
у
dans

испред
devant

преко
au-dessus

на
sur

испод
en dessous

поред
à côté de

између
entre

место
l'endroit